COLOR IT.

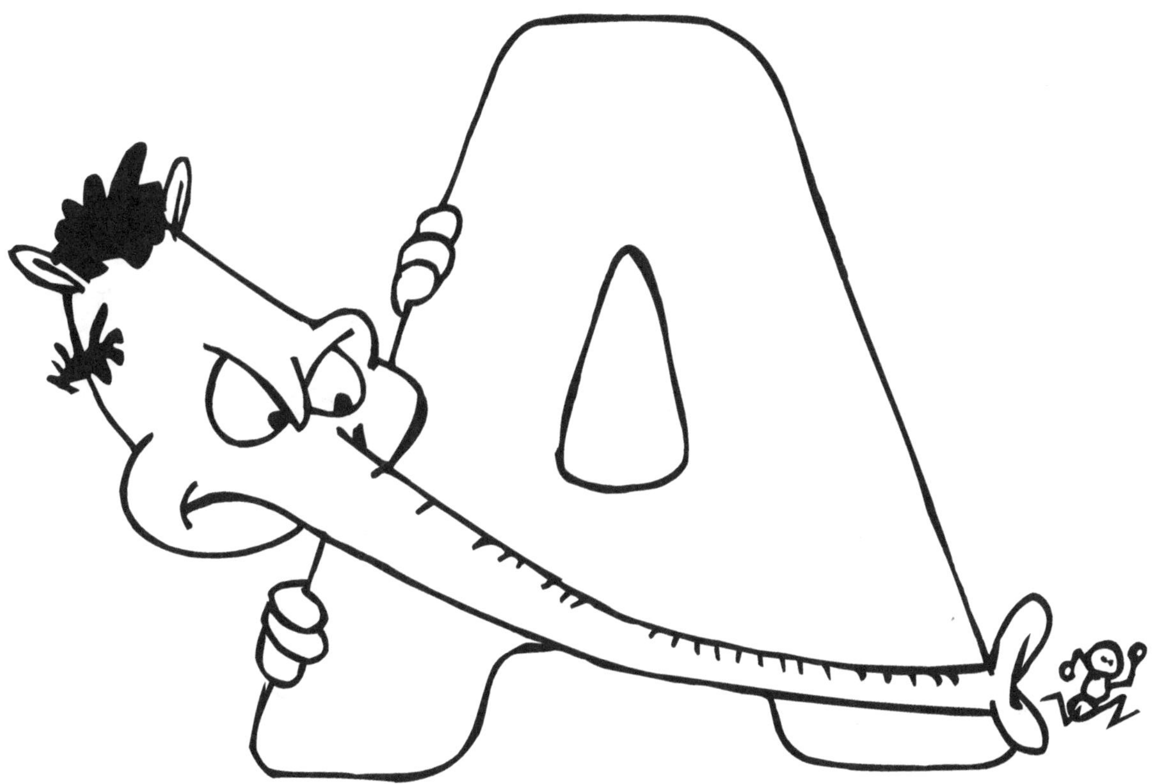

TRACE IT.

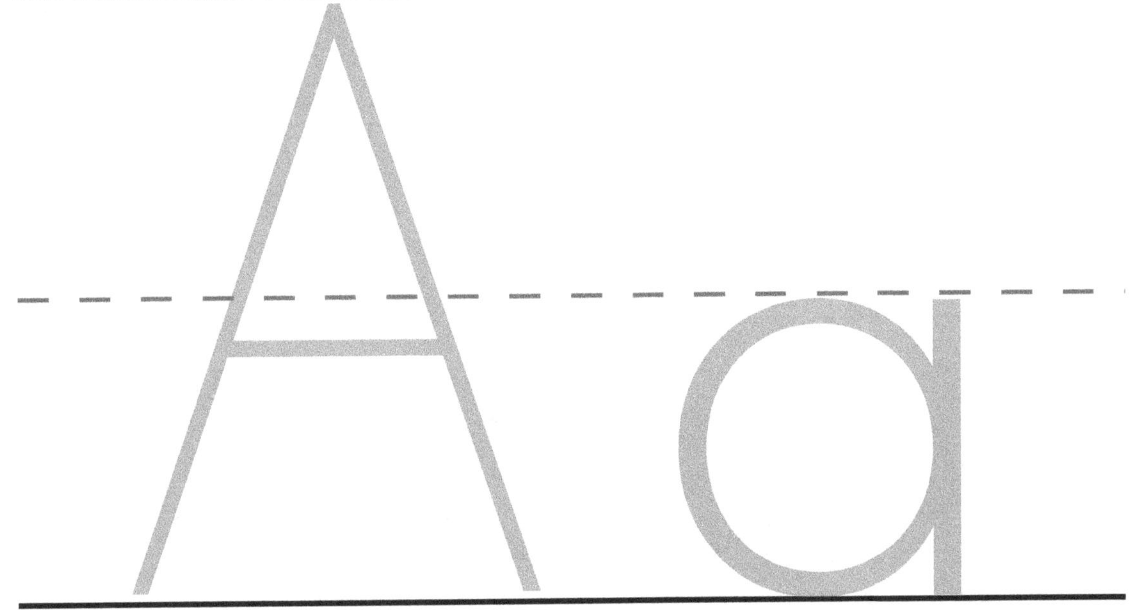

A A A A A A A

A A A A A A A

A A A A A A A

A A A A A A A

A A A A A A A

A A A A A A A

COLOR IT.

TRACE IT.

B B B B B B

B B B B B B

B B B B B B

B B B B B B

B B B B B B

B B B B B B

b b b b b b b

b b b b b b b

b b b b b b b

b b b b b b b

b b b b b b b

b b b b b b b

COLOR IT.

TRACE IT.

COLOR IT.

TRACE IT.

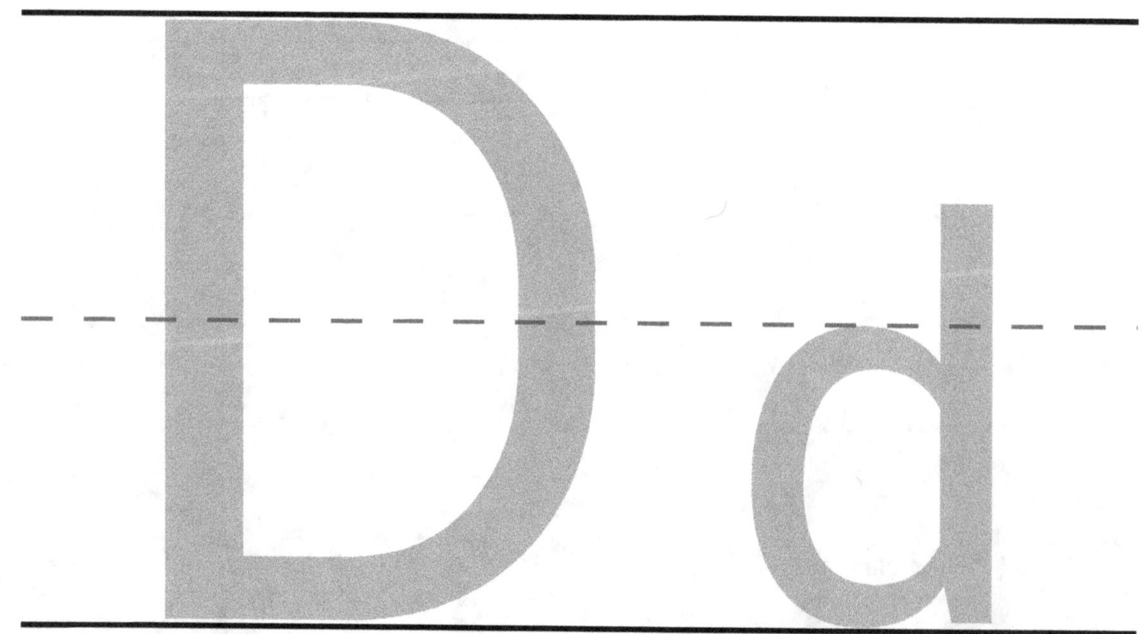

D D D D D D D

D D D D D D D

D D D D D D D

D D D D D D D

D D D D D D D

D D D D D D D

COLOR IT.

TRACE IT.

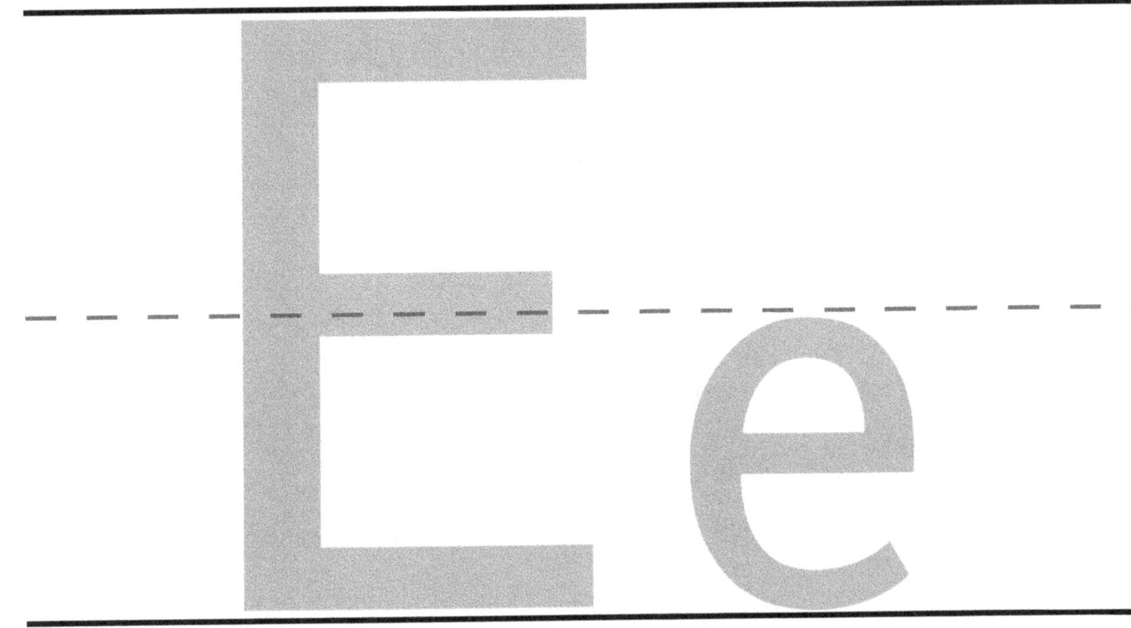

e e e e e e e

e e e e e e e

e e e e e e e

e e e e e e e

e e e e e e e

e e e e e e e

COLOR IT.

TRACE IT.

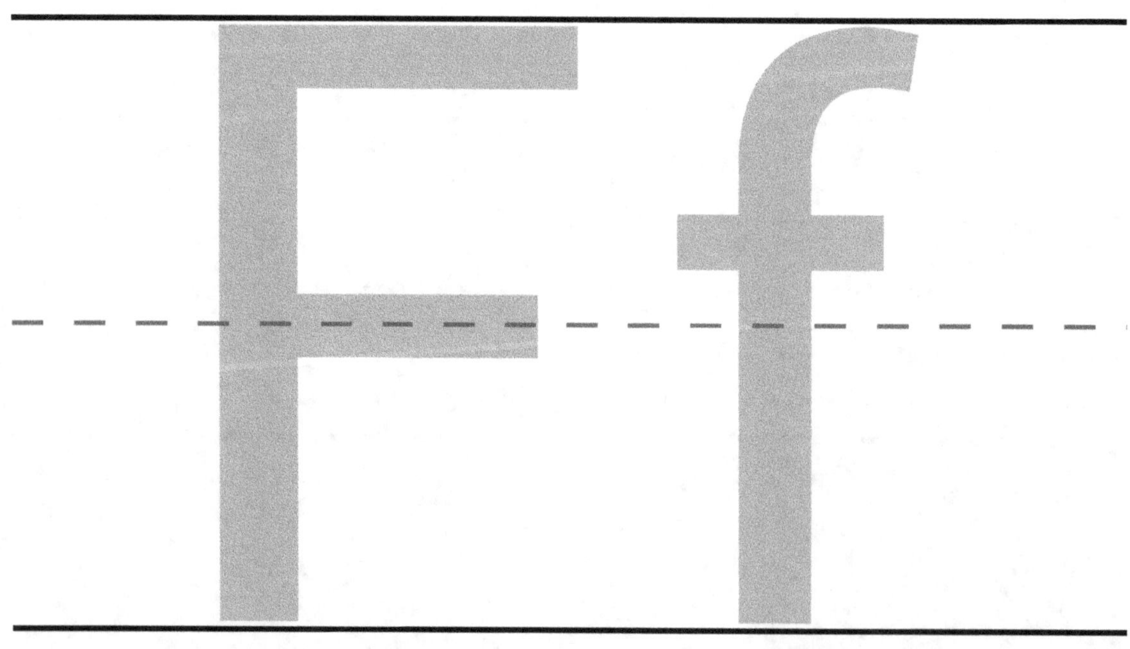

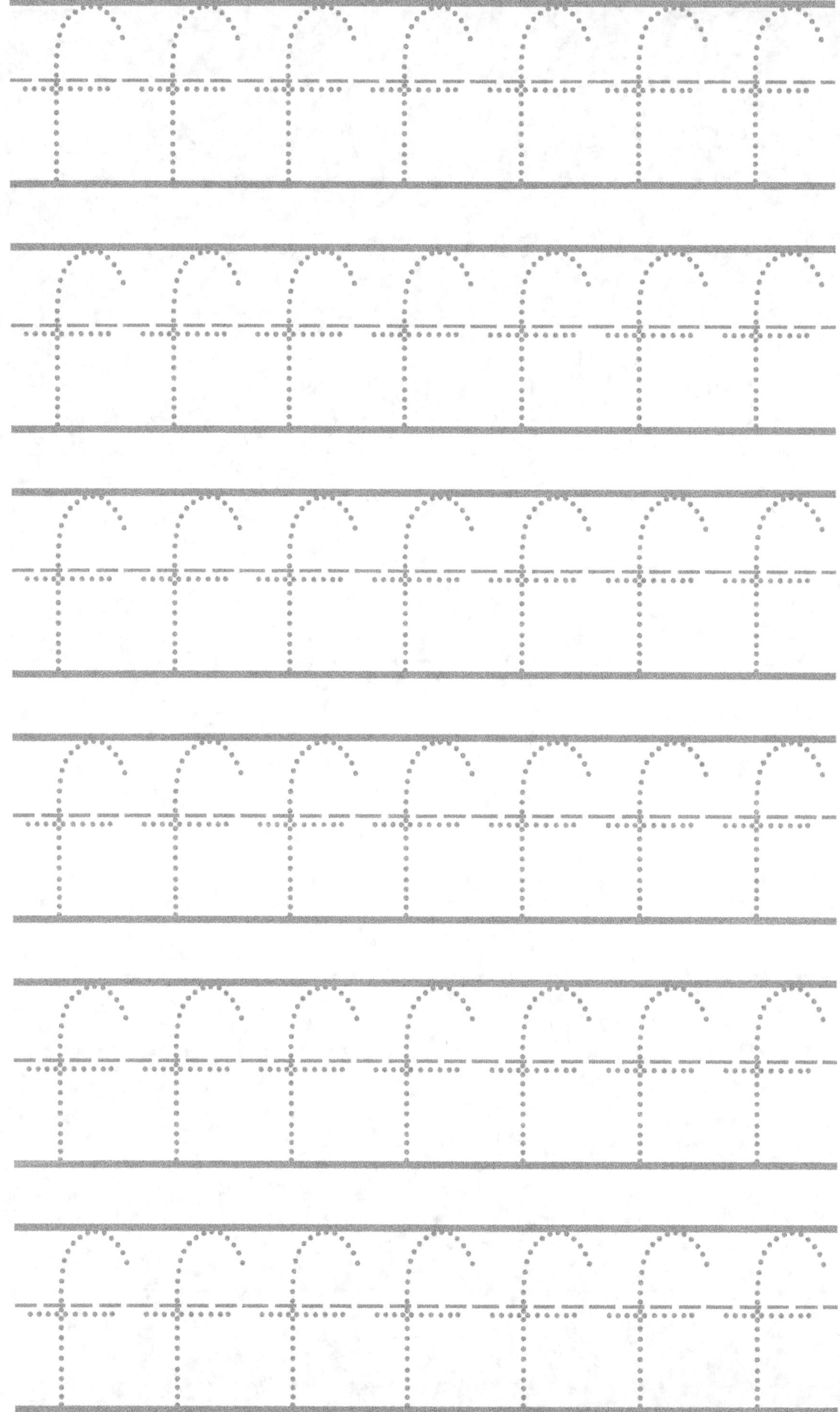

COLOR IT.

TRACE IT.

a a a a a a a

a a a a a a a

a a a a a a a

a a a a a a a

a a a a a a a

COLOR IT.

TRACE IT.

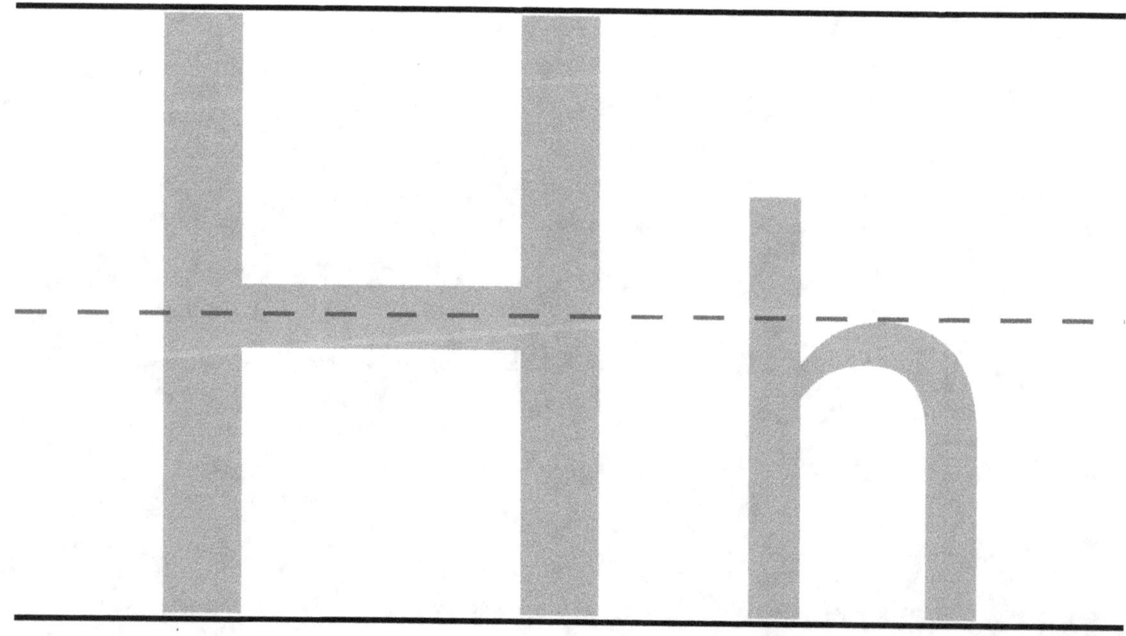

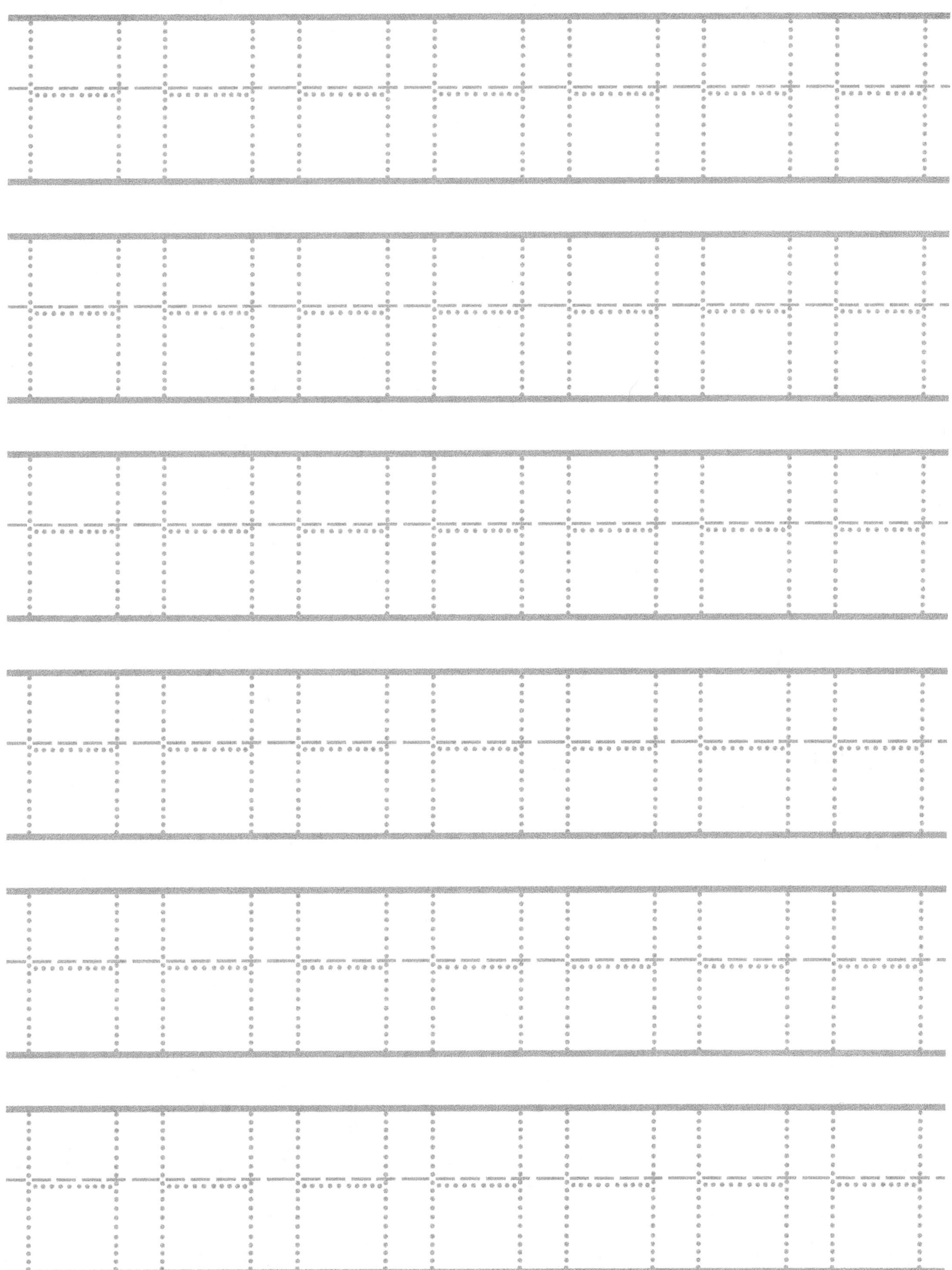

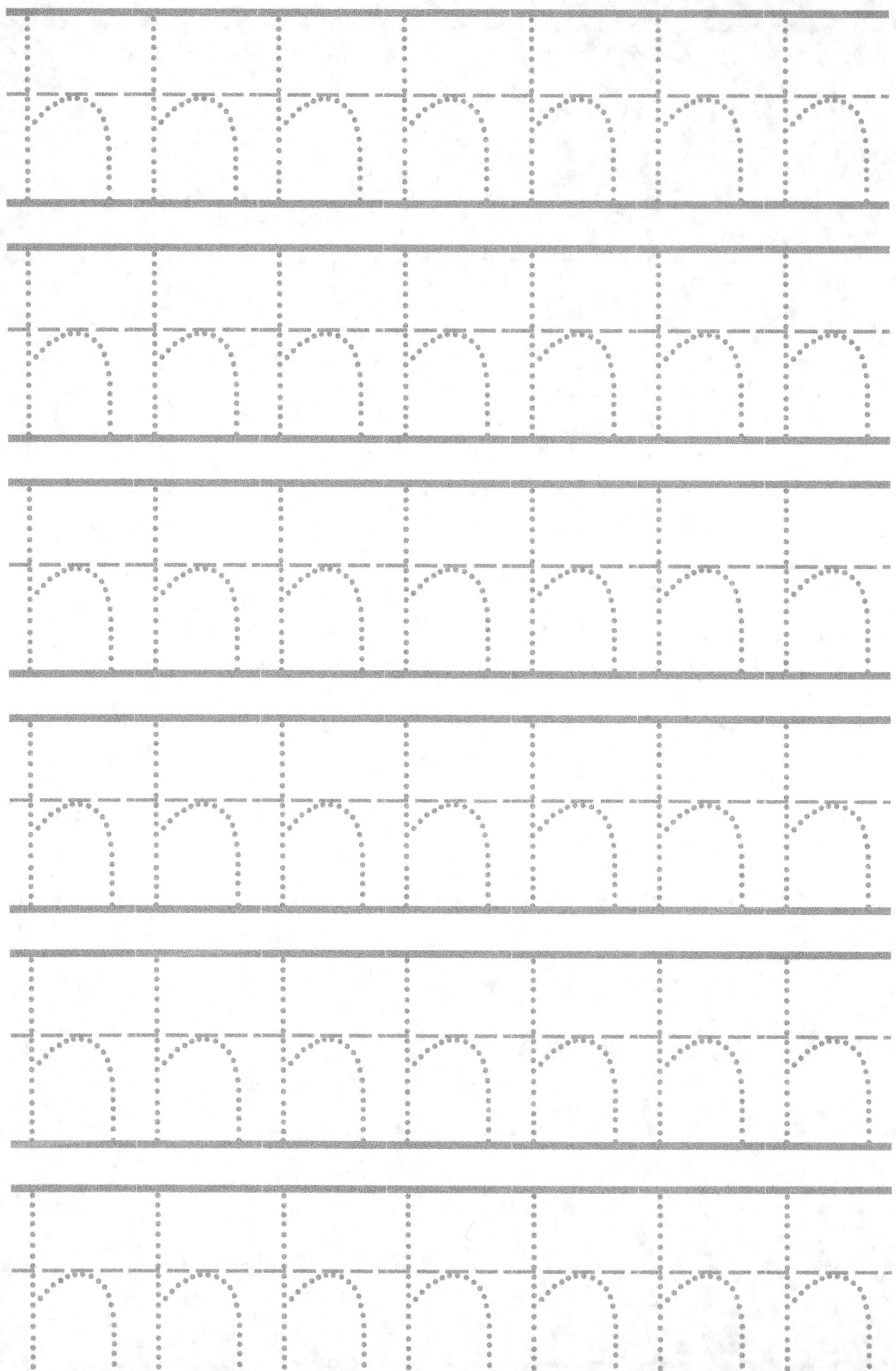

COLOR IT.

TRACE IT.

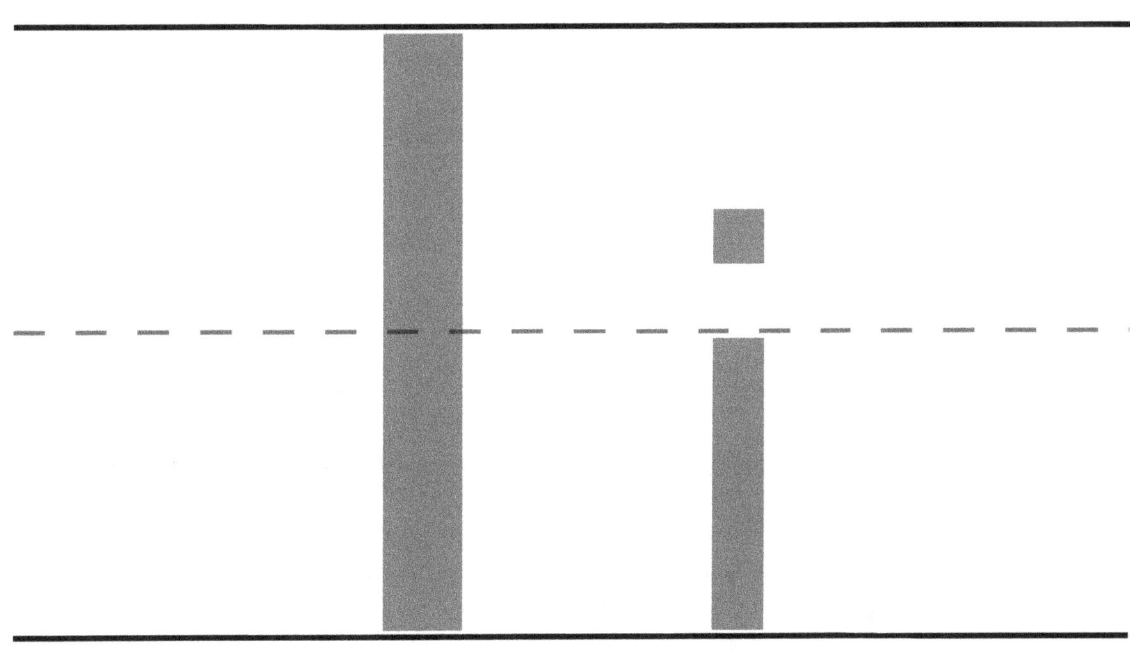

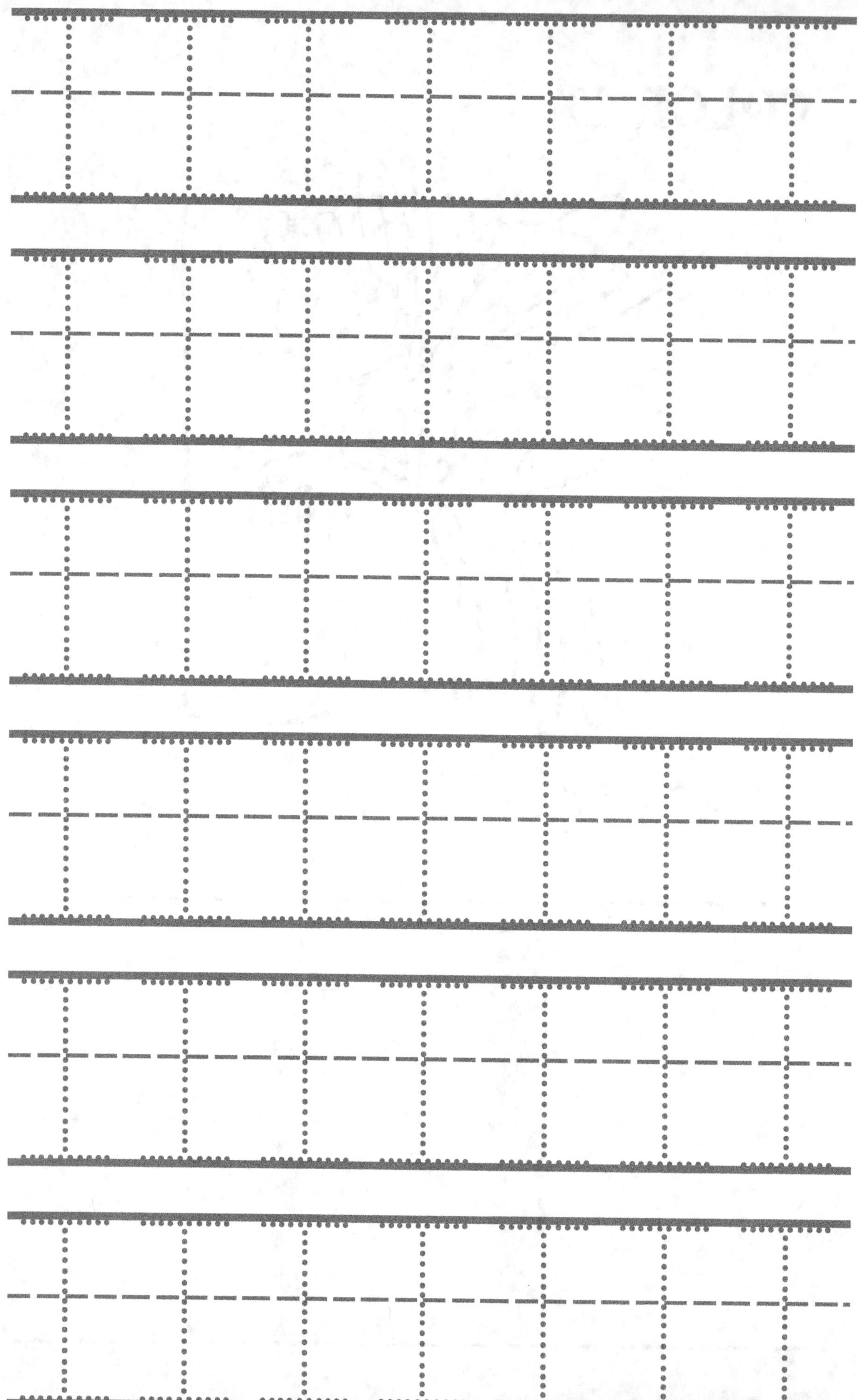

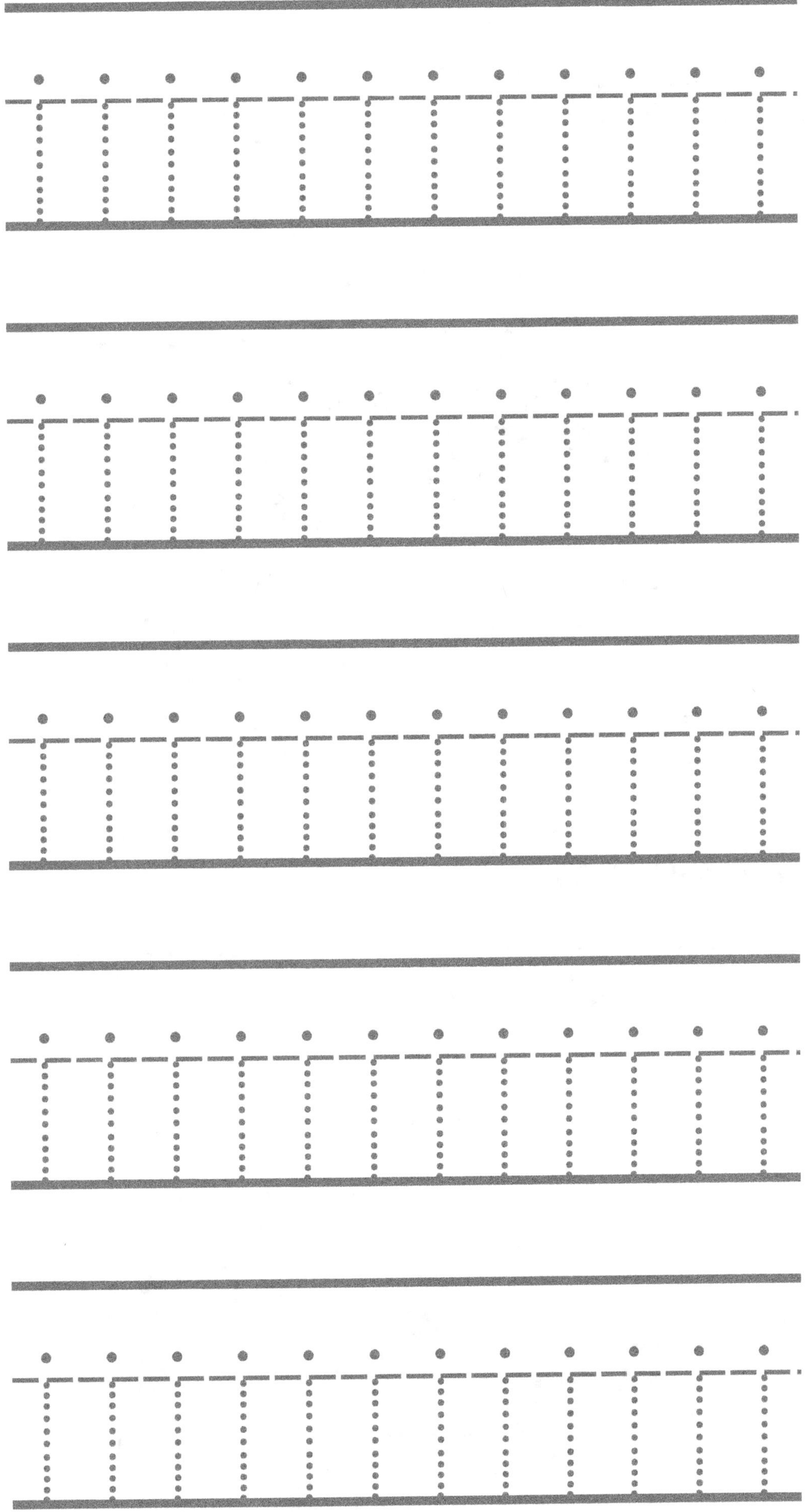

COLOR IT.

TRACE IT.

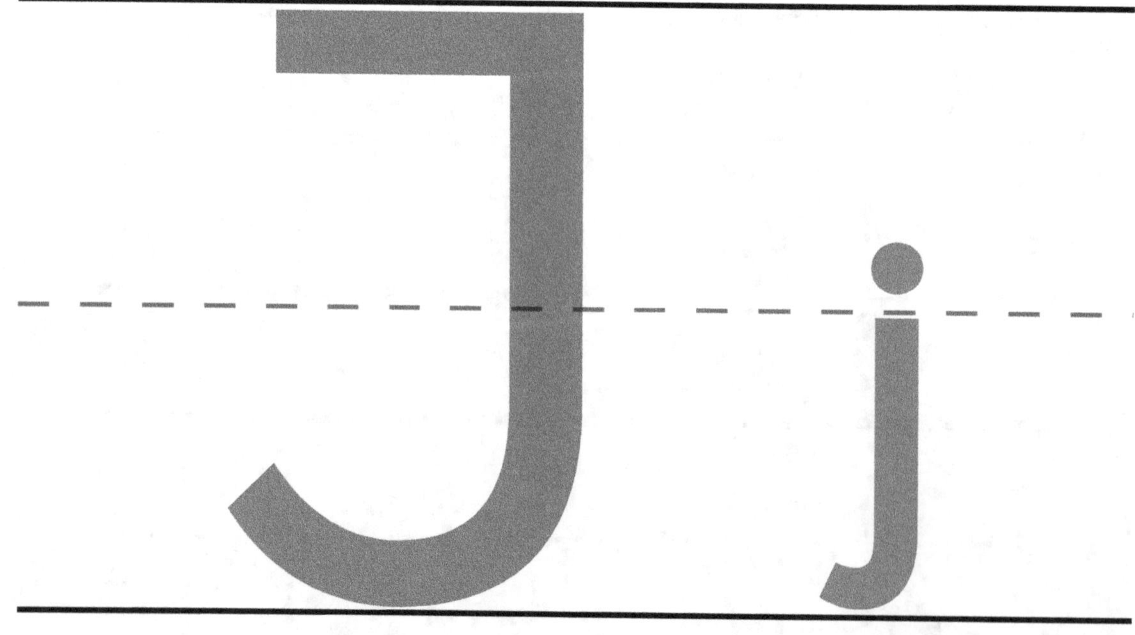

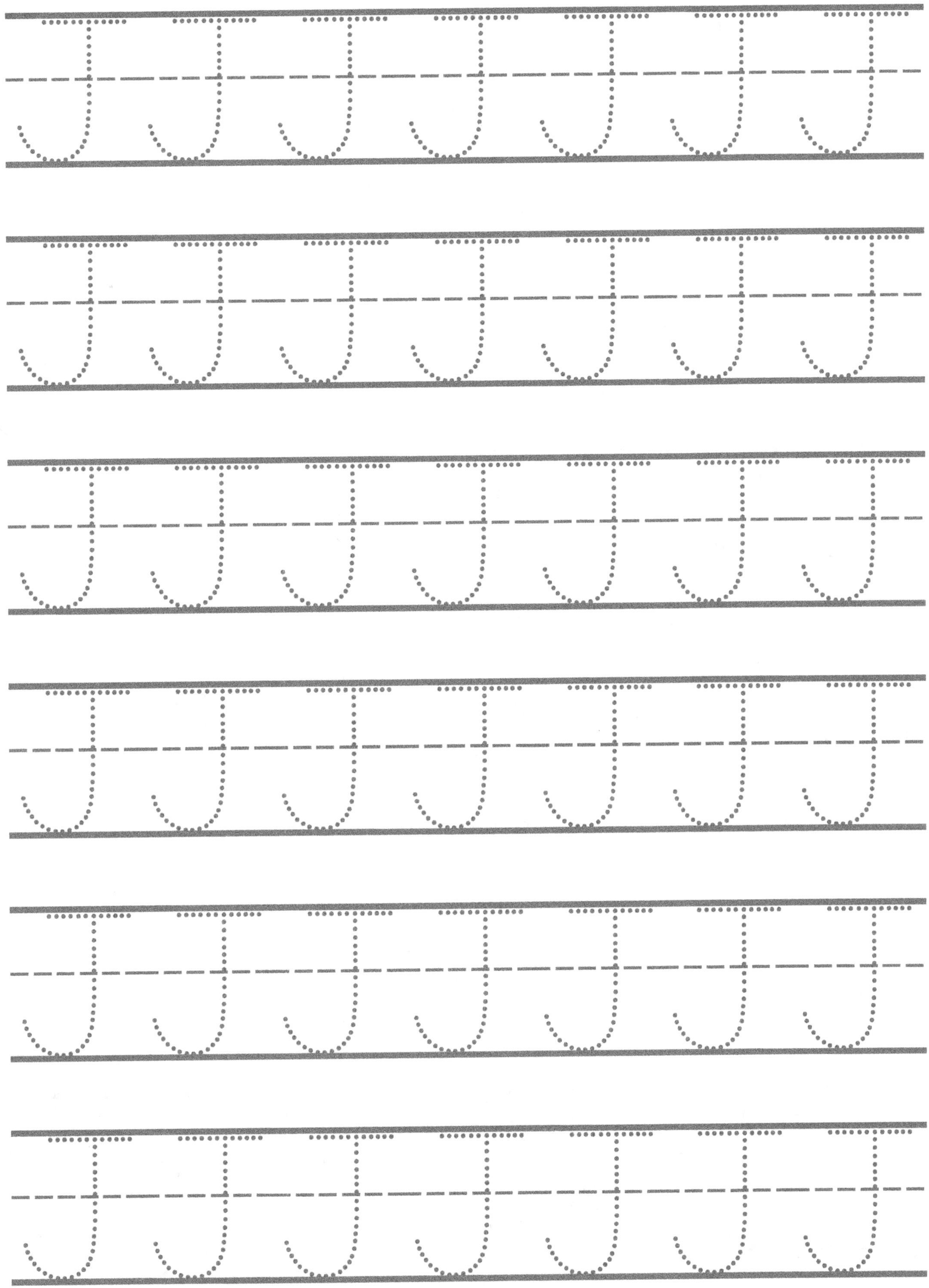

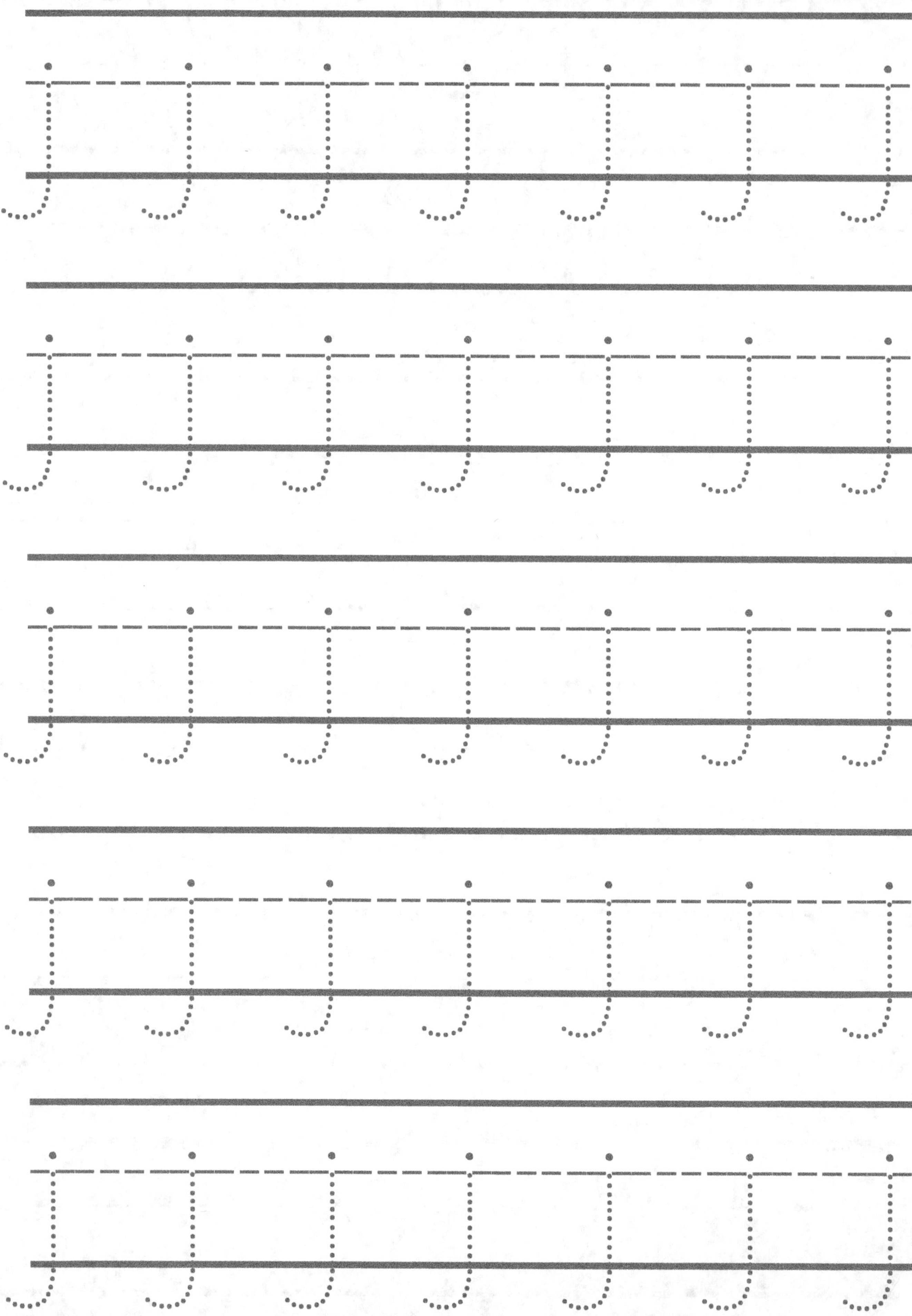

COLOR IT.

TRACE IT.

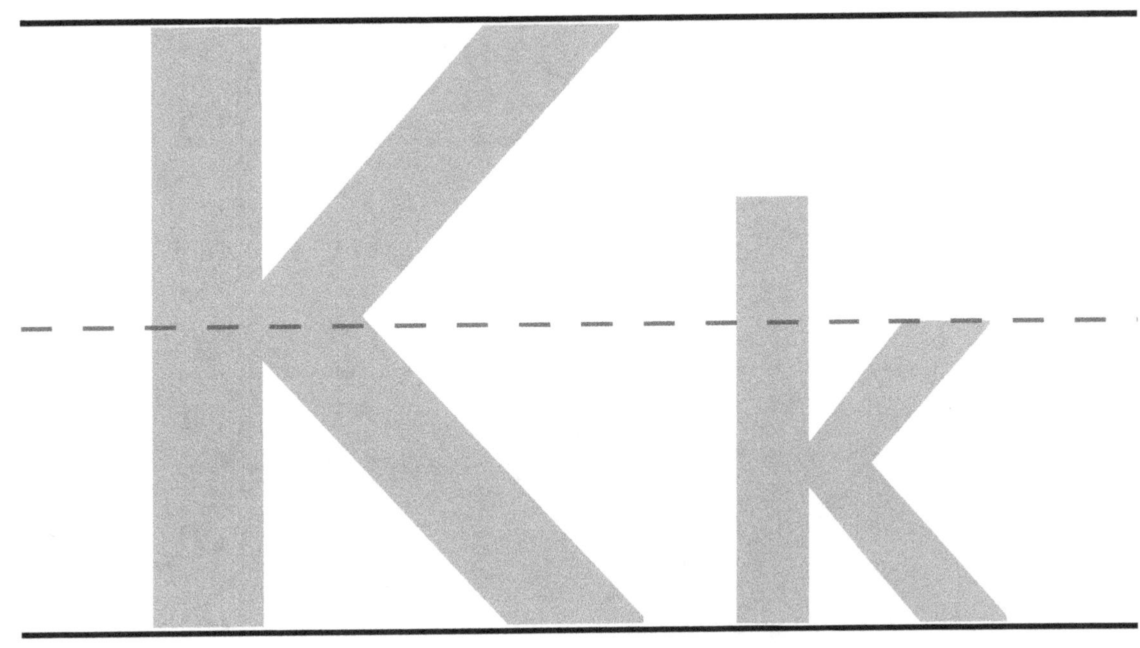

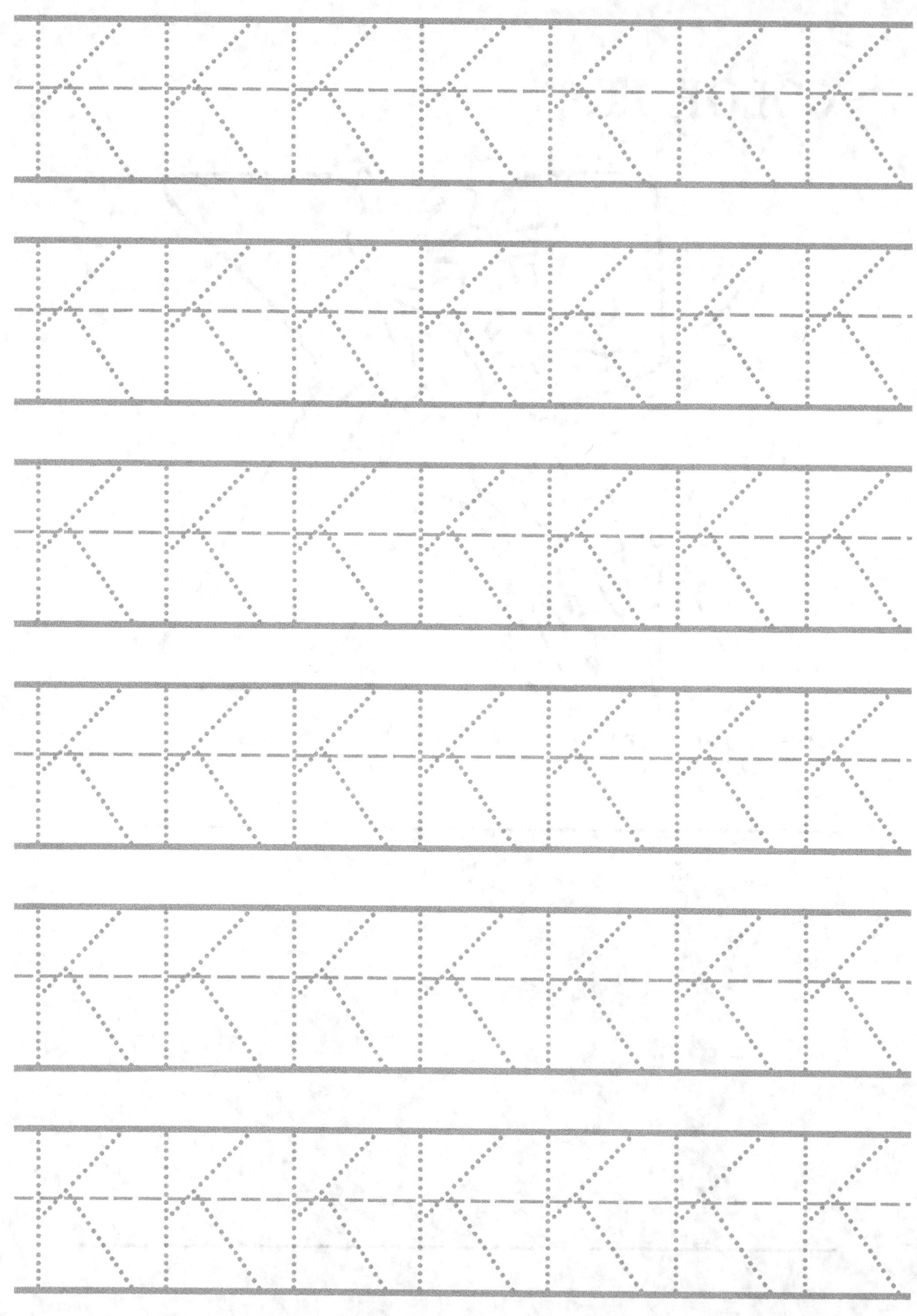

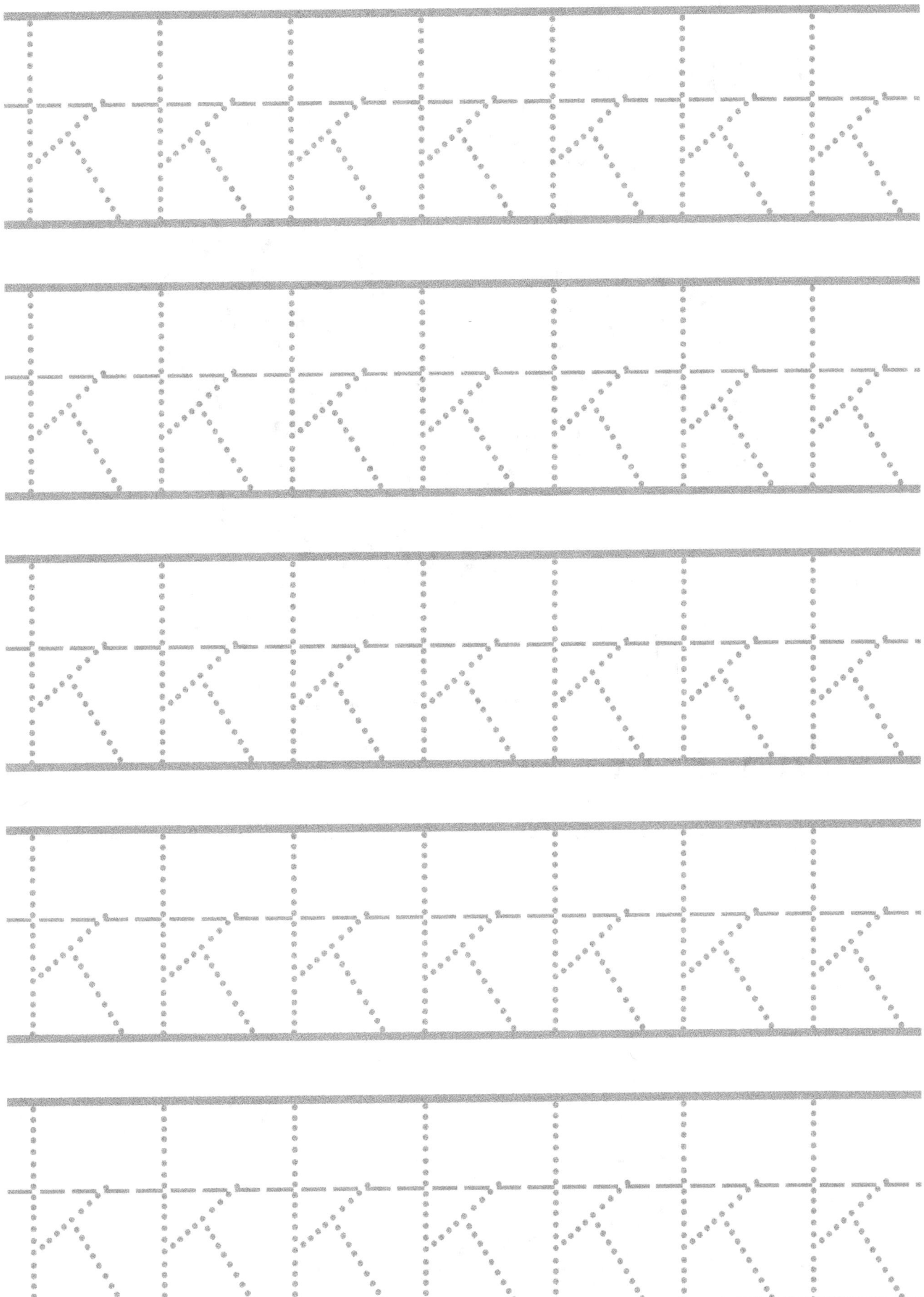

COLOR IT.

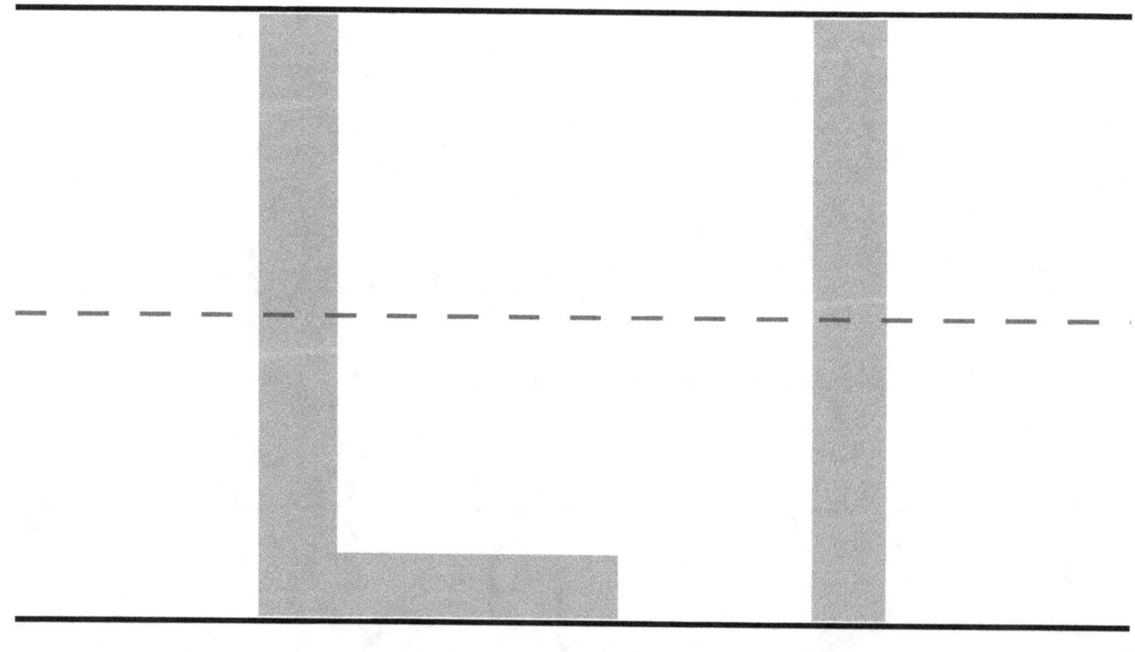

TRACE IT.

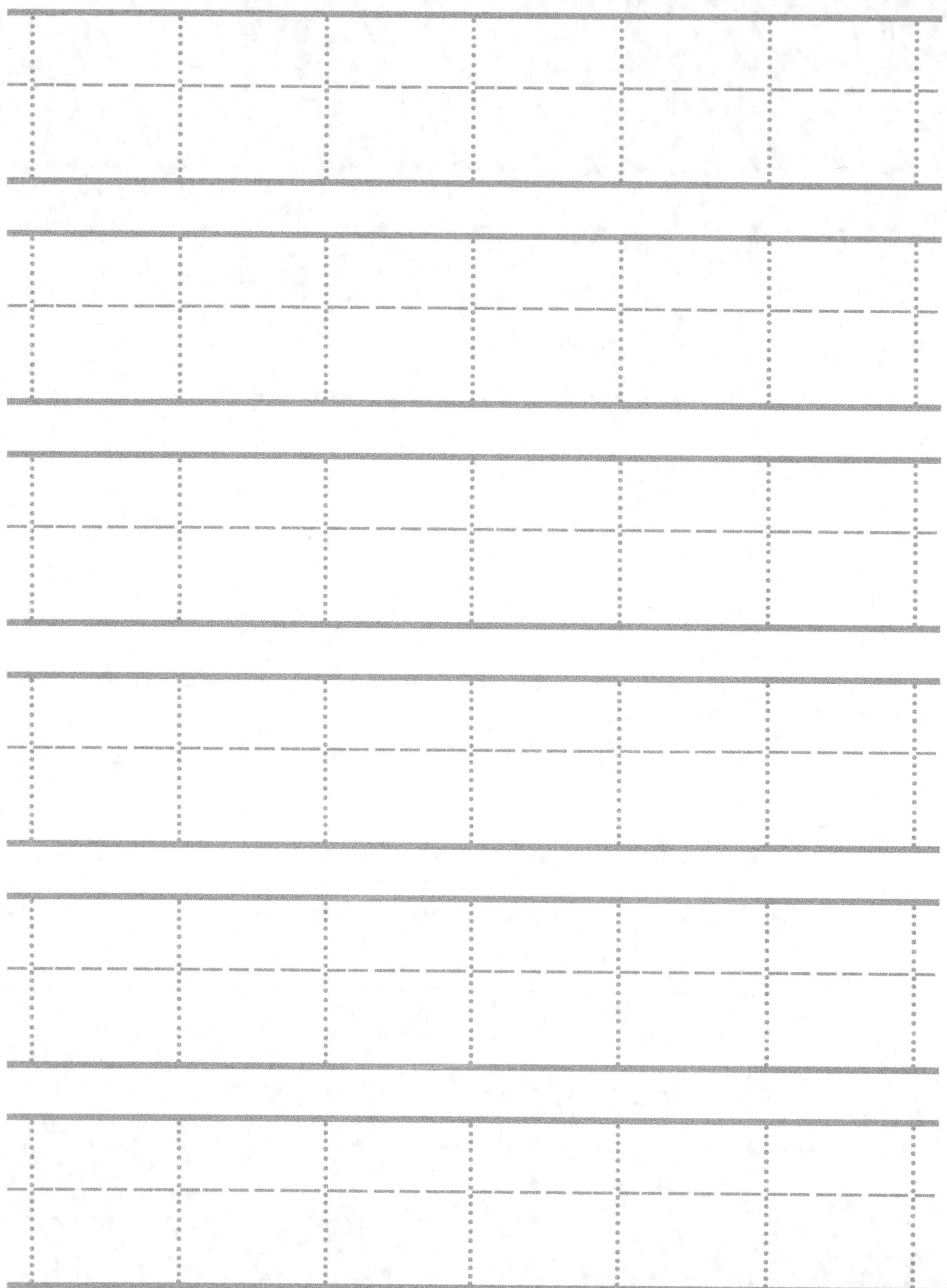

COLOR IT.

TRACE IT.

A A A A A A A A A A A A A

A A A A A A A A A A A A A

A A A A A A A A A A A A A

A A A A A A A A A A A A A

A A A A A A A A A A A A A

A A A A A A A A A A A A A

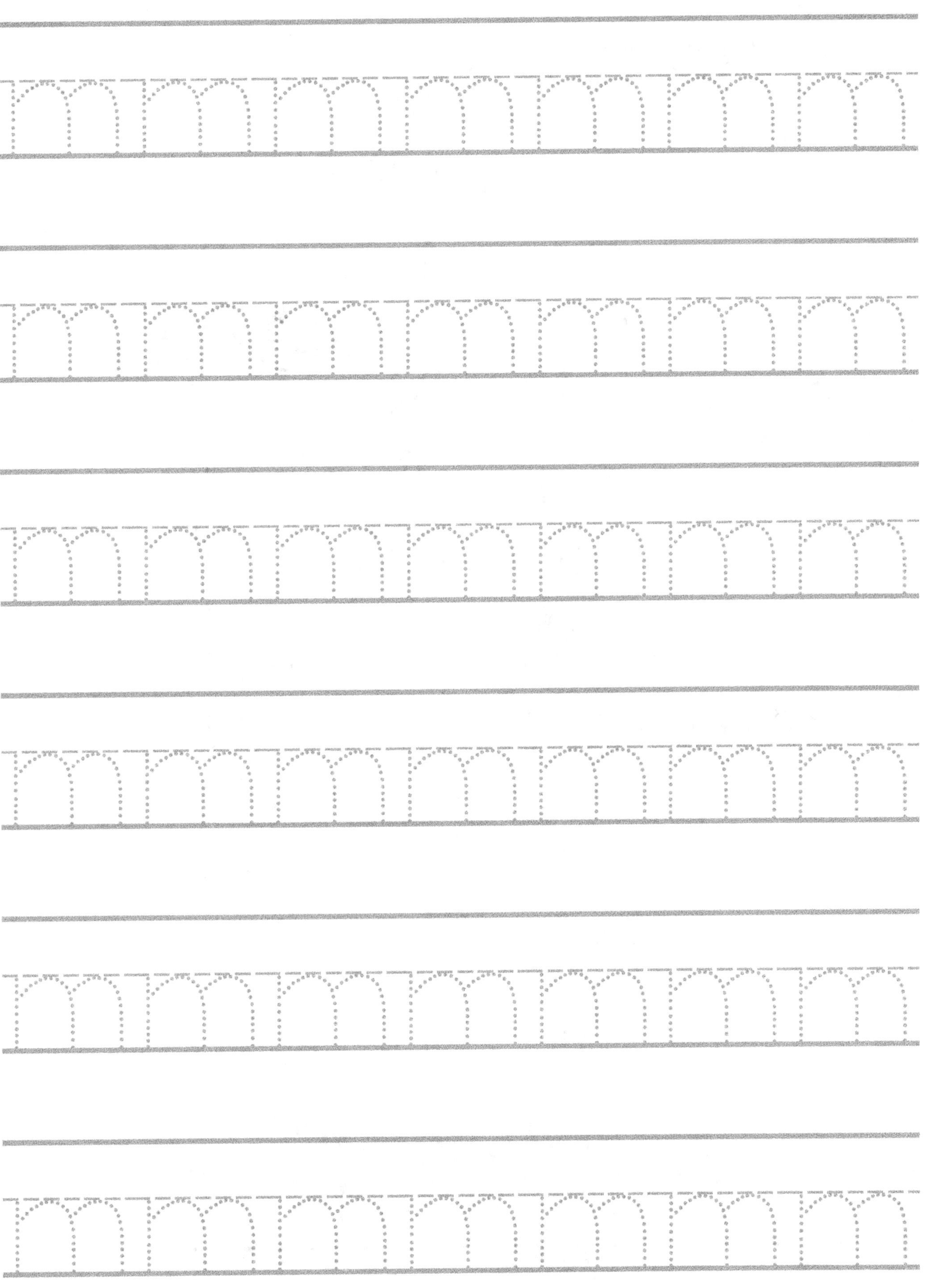

COLOR IT.

TRACE IT.

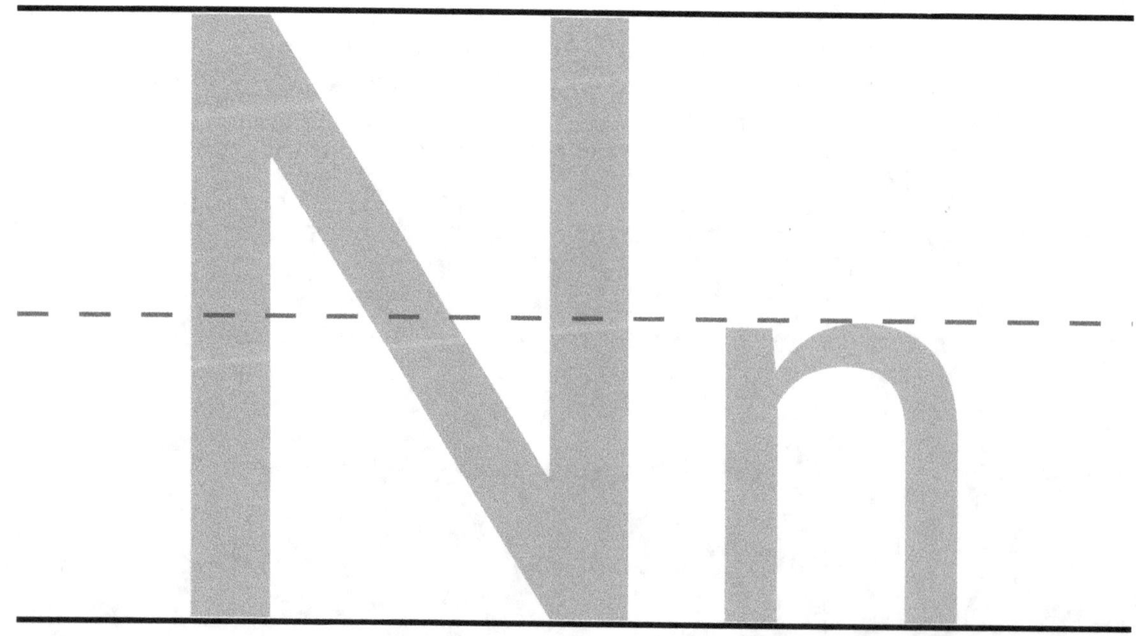

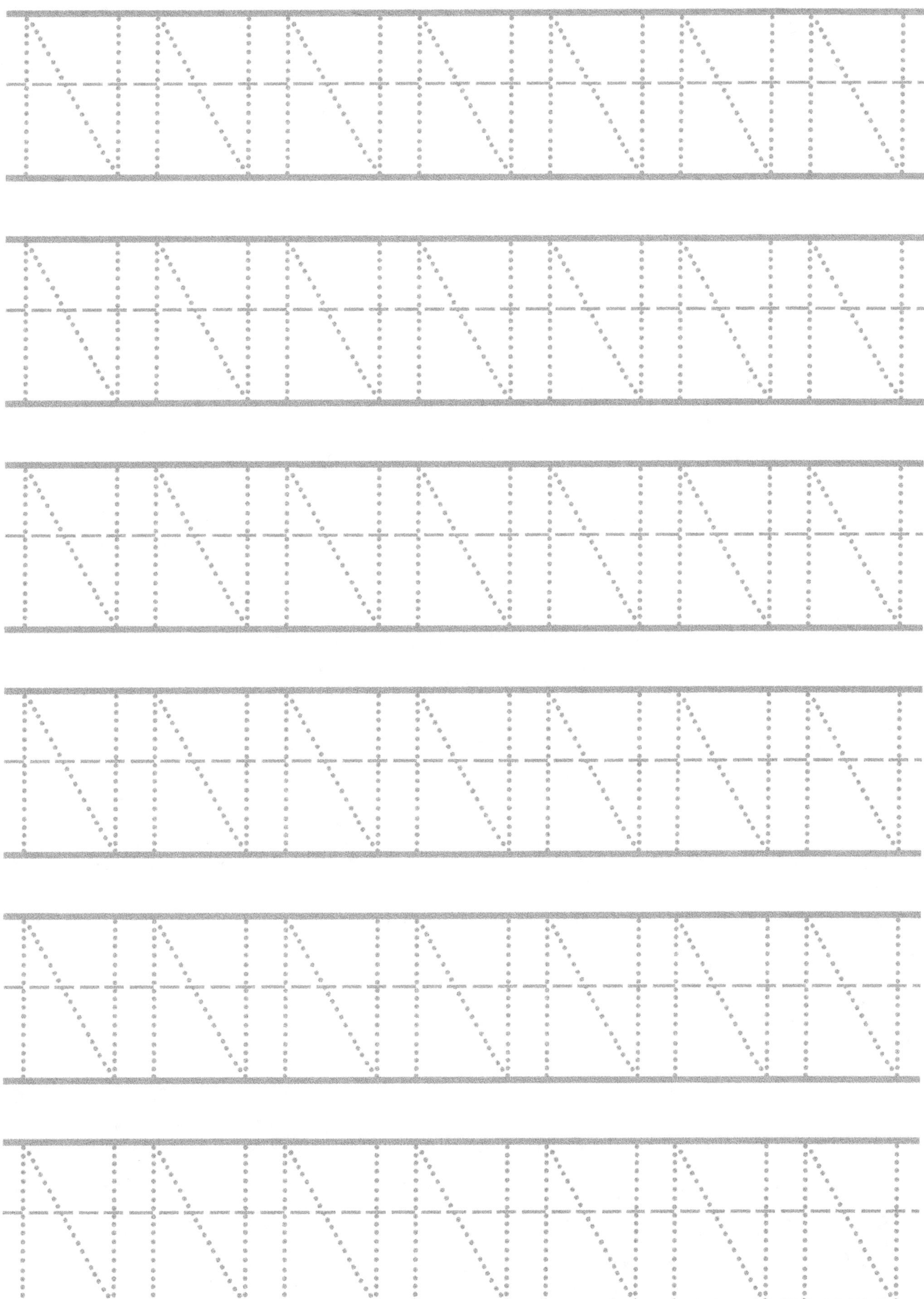

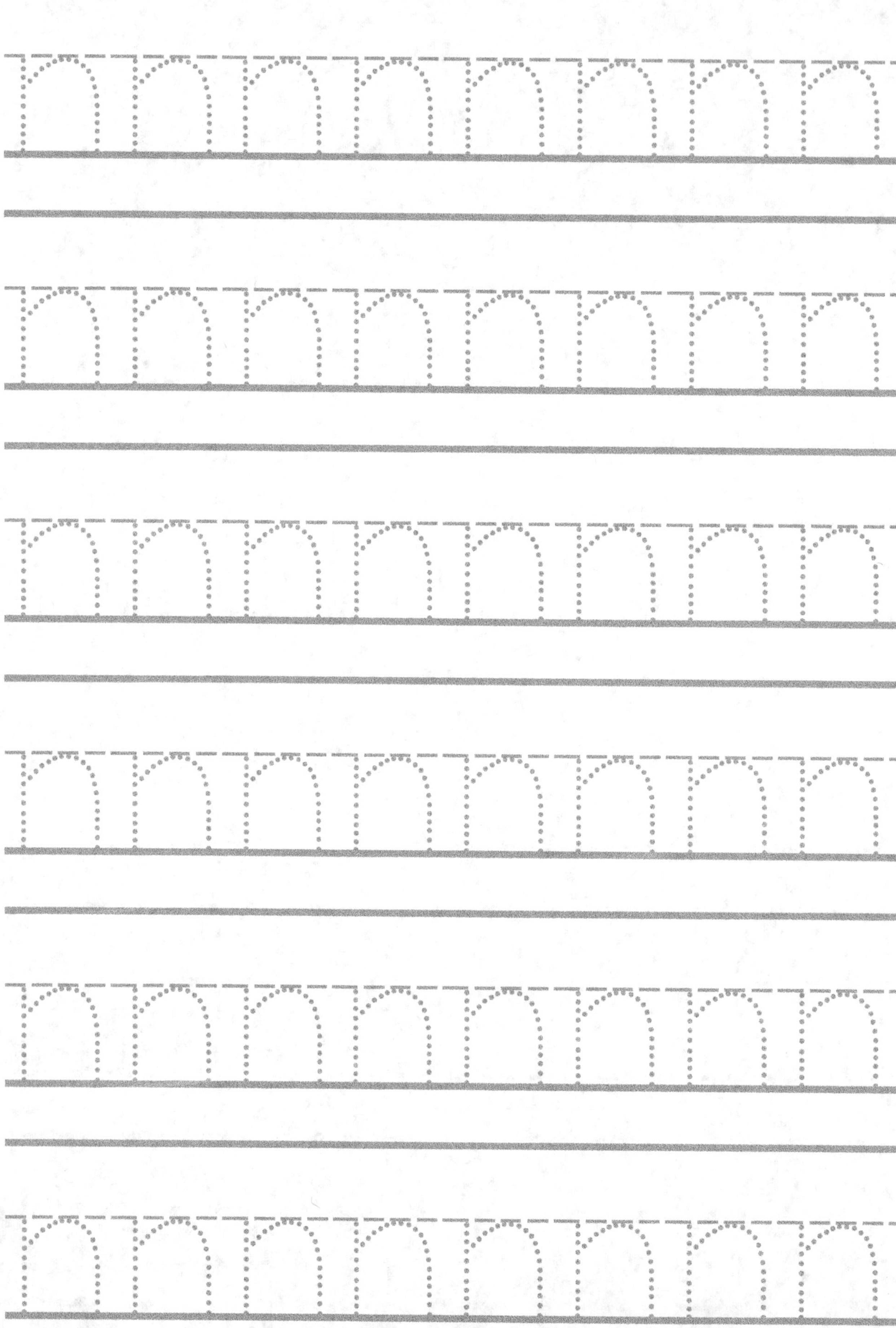

COLOR IT.

TRACE IT.

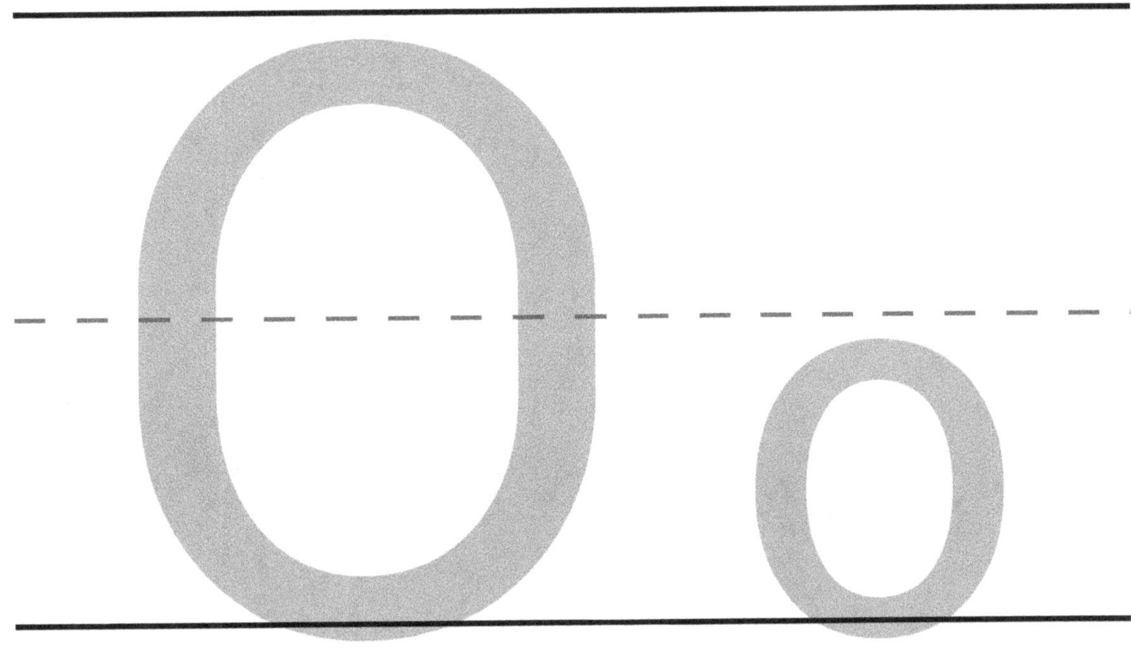

COLOR IT.

TRACE IT.

P P P P P P P

P P P P P P P

P P P P P P P

P P P P P P P

P P P P P P P

P P P P P P P

P P P P P P P

P P P P P P P

COLOR IT.

TRACE IT.

COLOR IT.

TRACE IT.

R R R R R R R

R R R R R R R

R R R R R R R

R R R R R R R

R R R R R R R

R R R R R R R

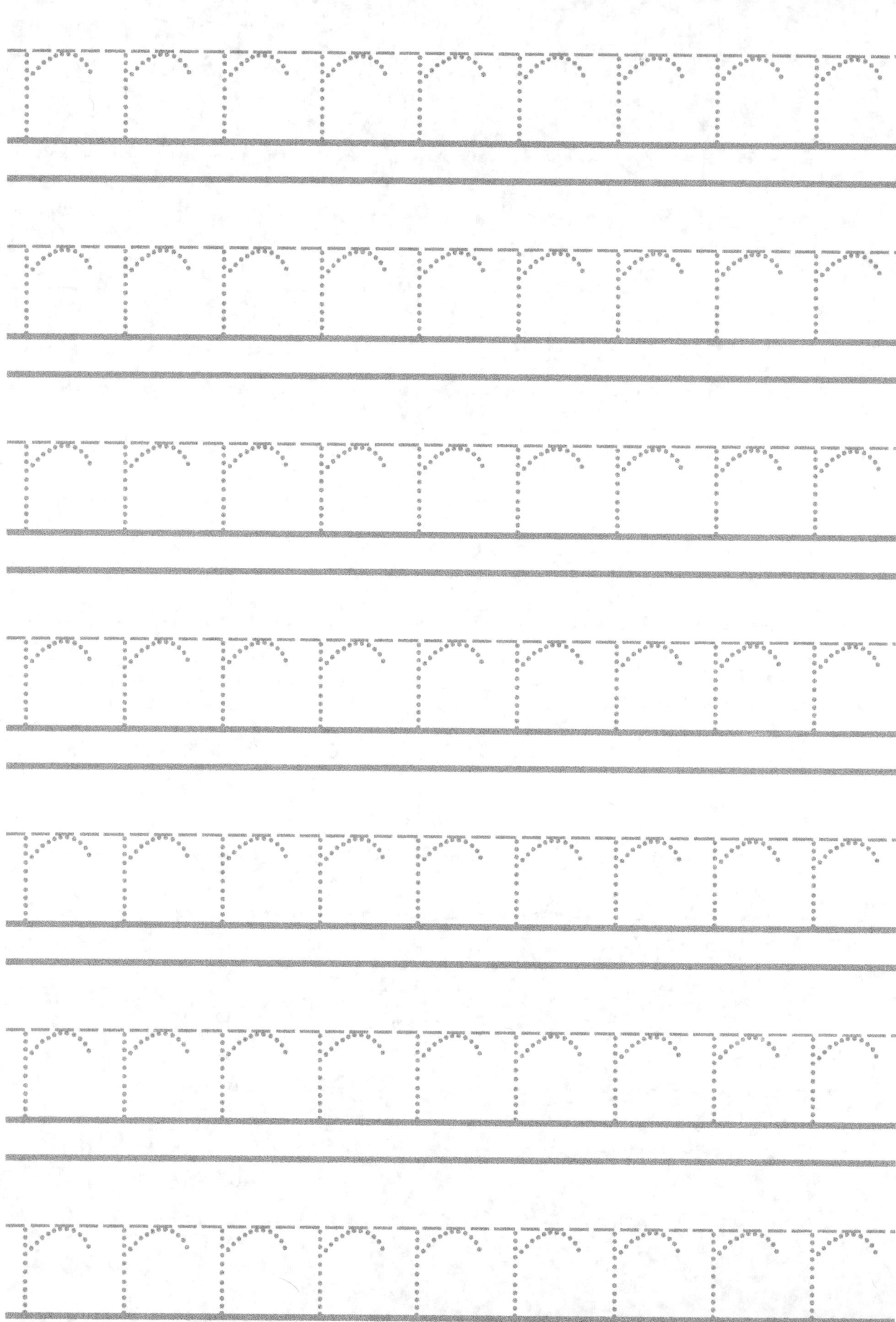

COLOR IT.

TRACE IT.

S S S S S S S S S

S S S S S S S S S

S S S S S S S S S

S S S S S S S S S

S S S S S S S S S

S S S S S S S S S

COLOR IT.

TRACE IT.

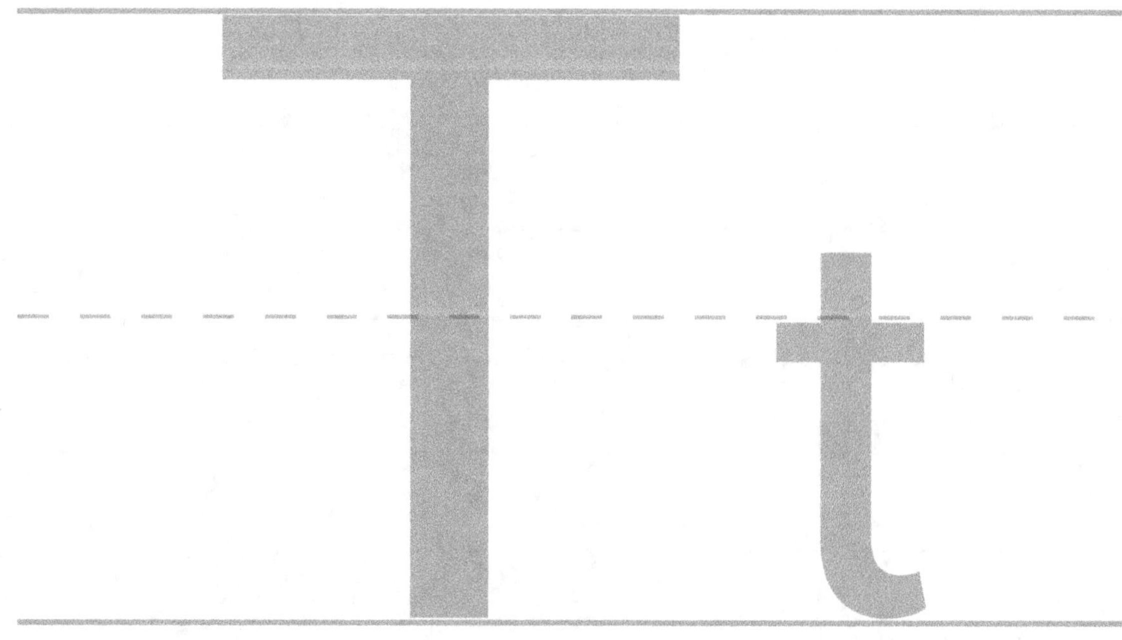

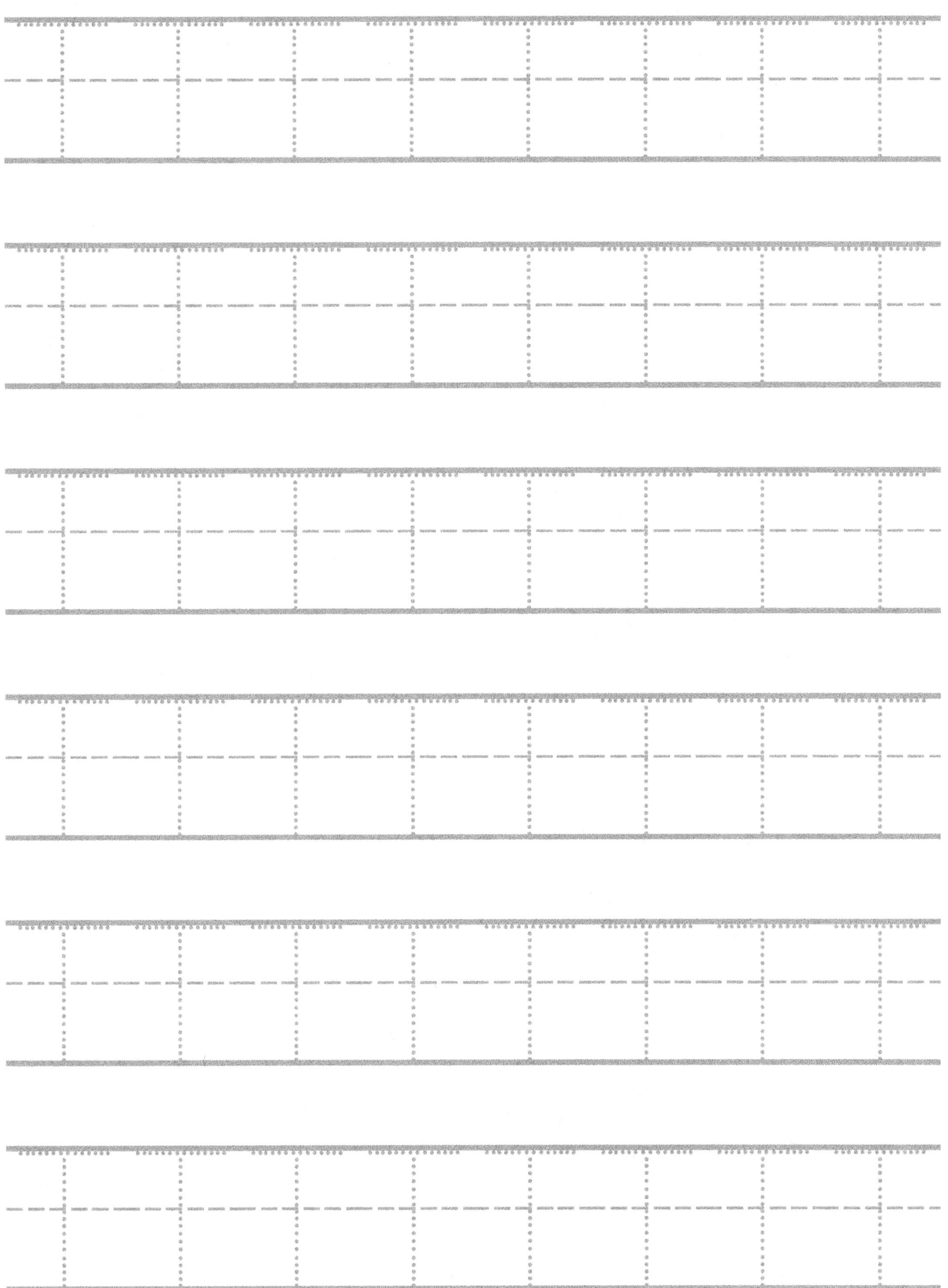

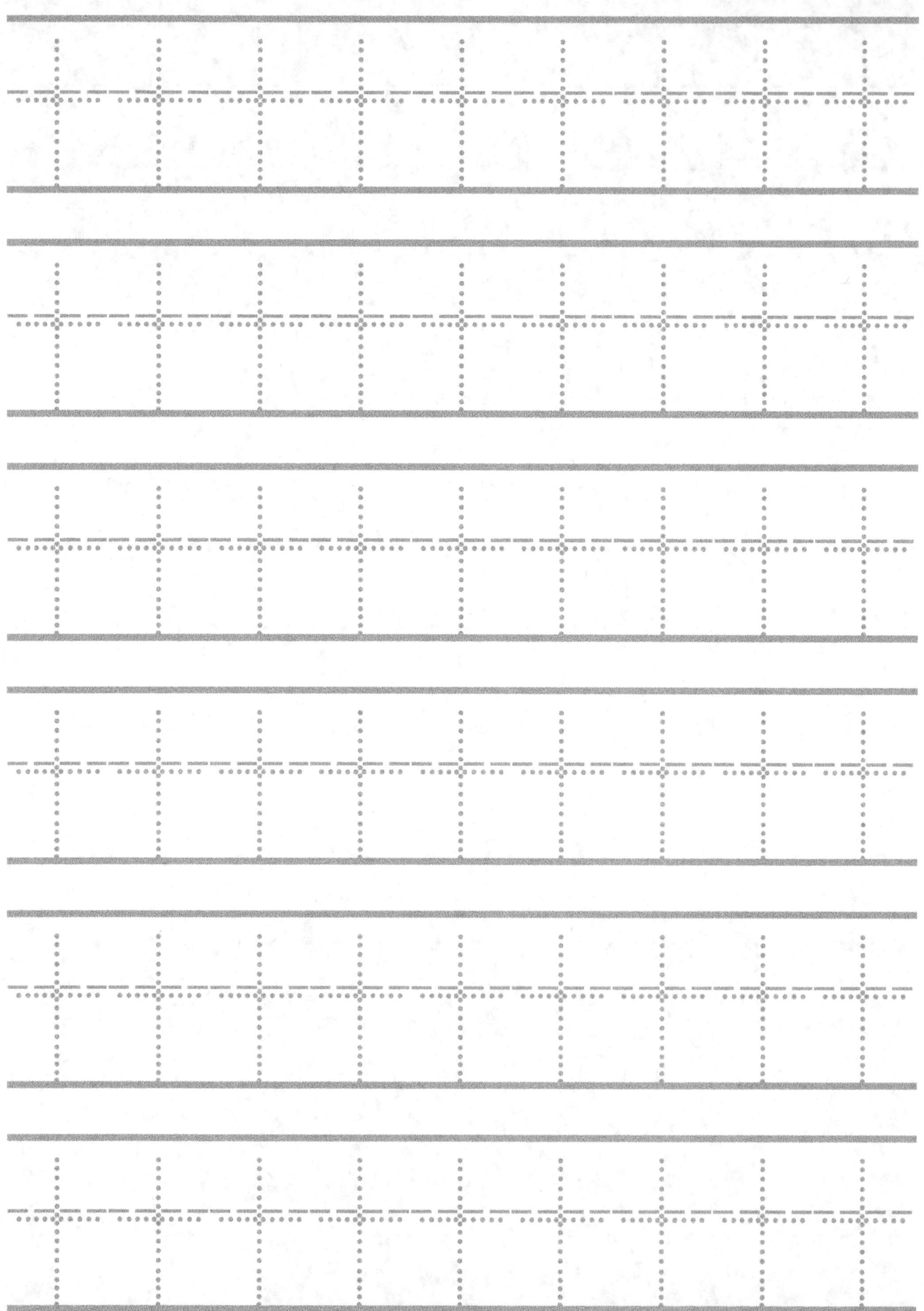

COLOR IT.

TRACE IT.

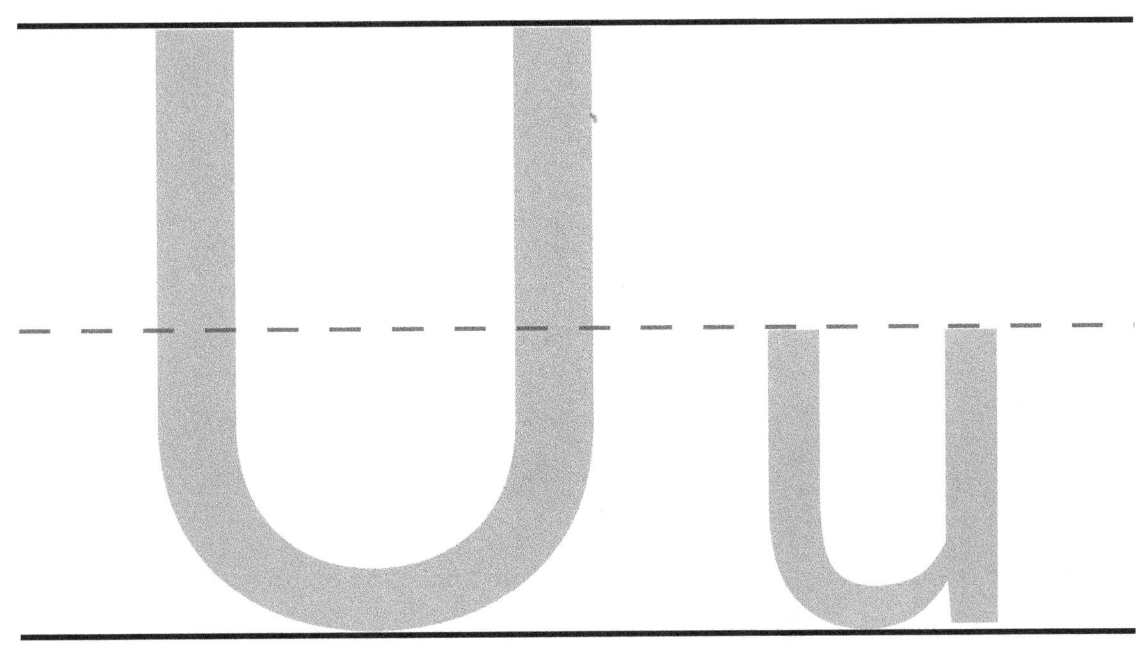

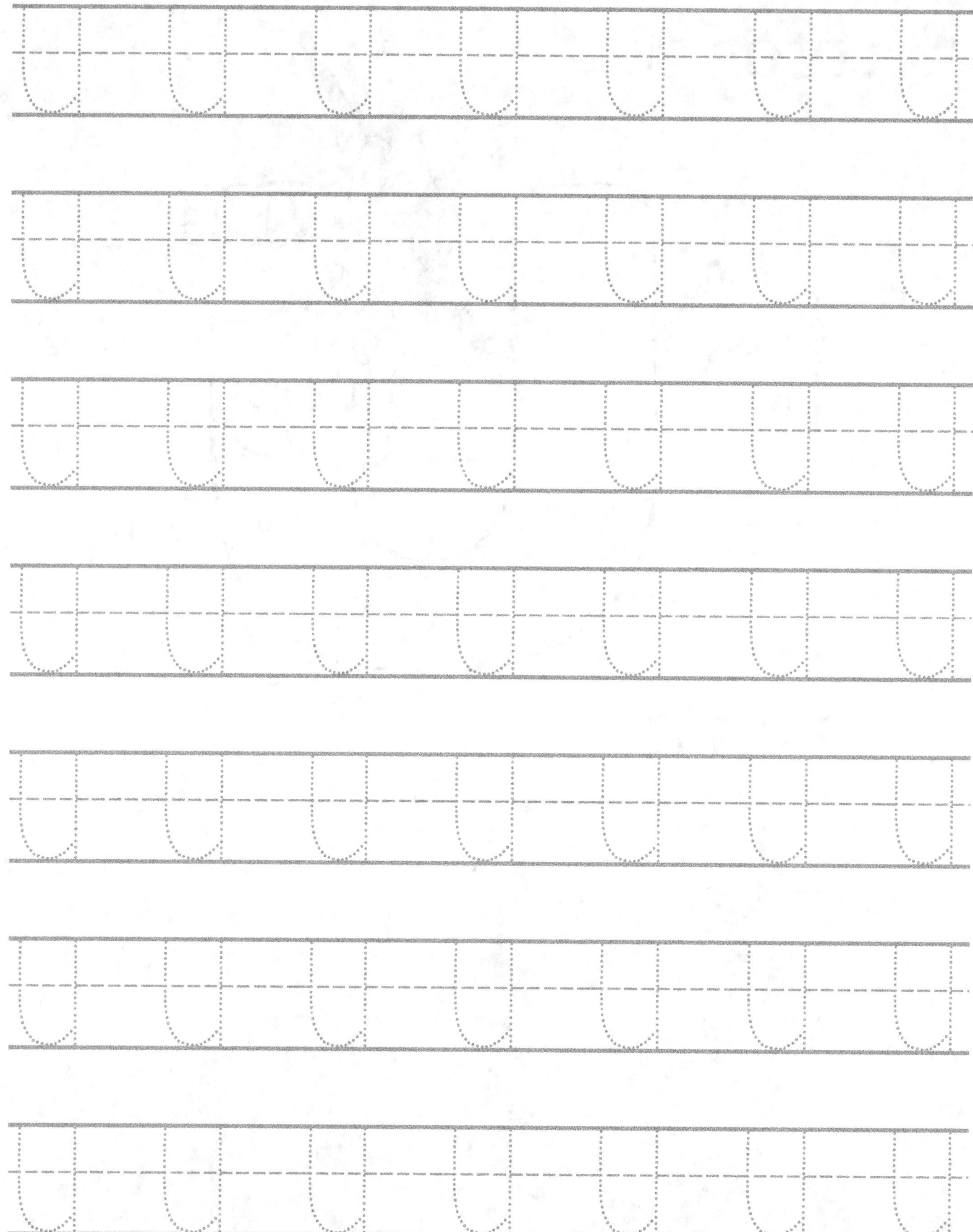

COLOR IT.

TRACE IT.

COLOR IT.

TRACE IT.

COLOR IT.

TRACE IT.

COLOR IT.

TRACE IT.

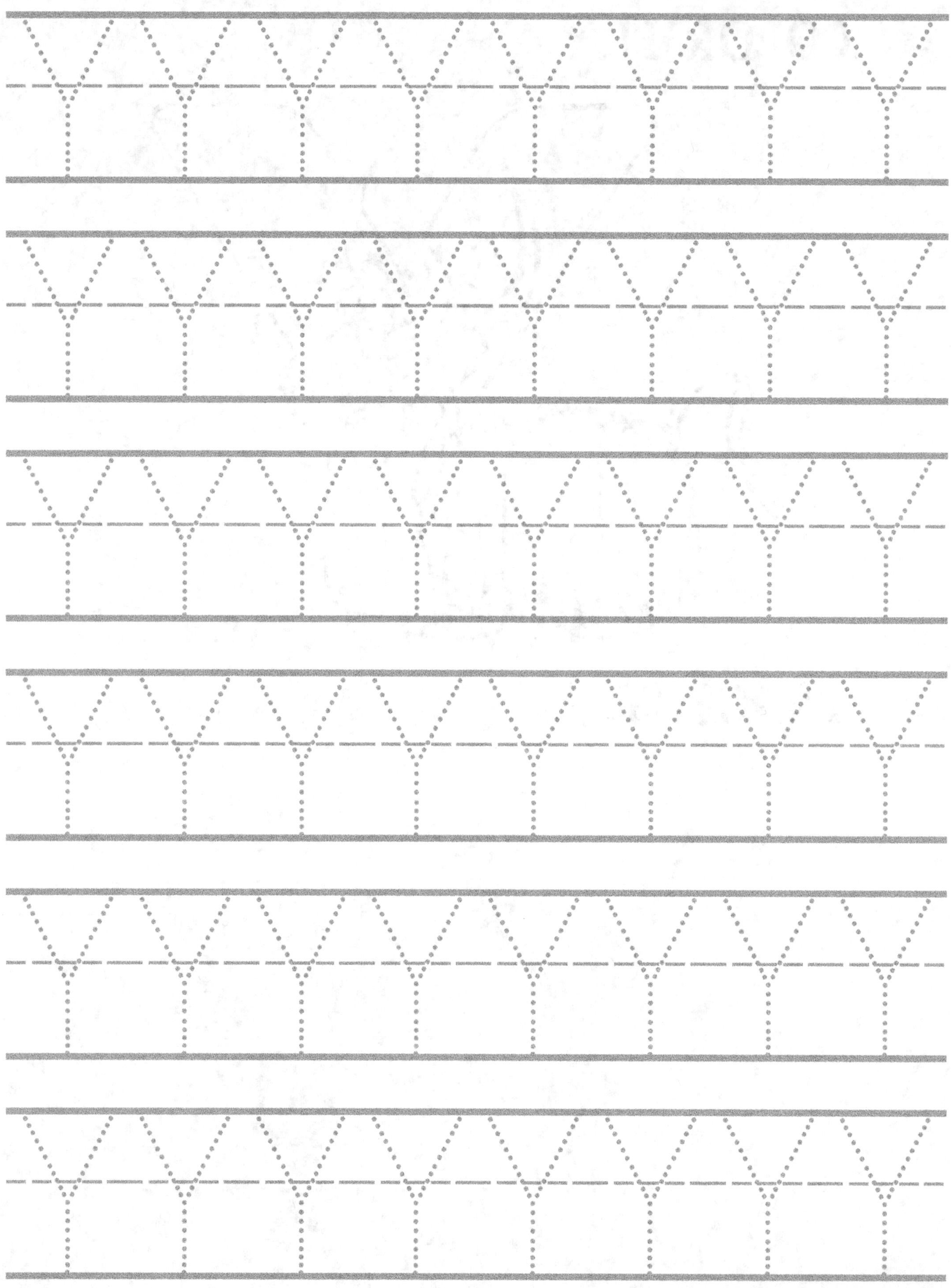

COLOR IT.

TRACE IT.